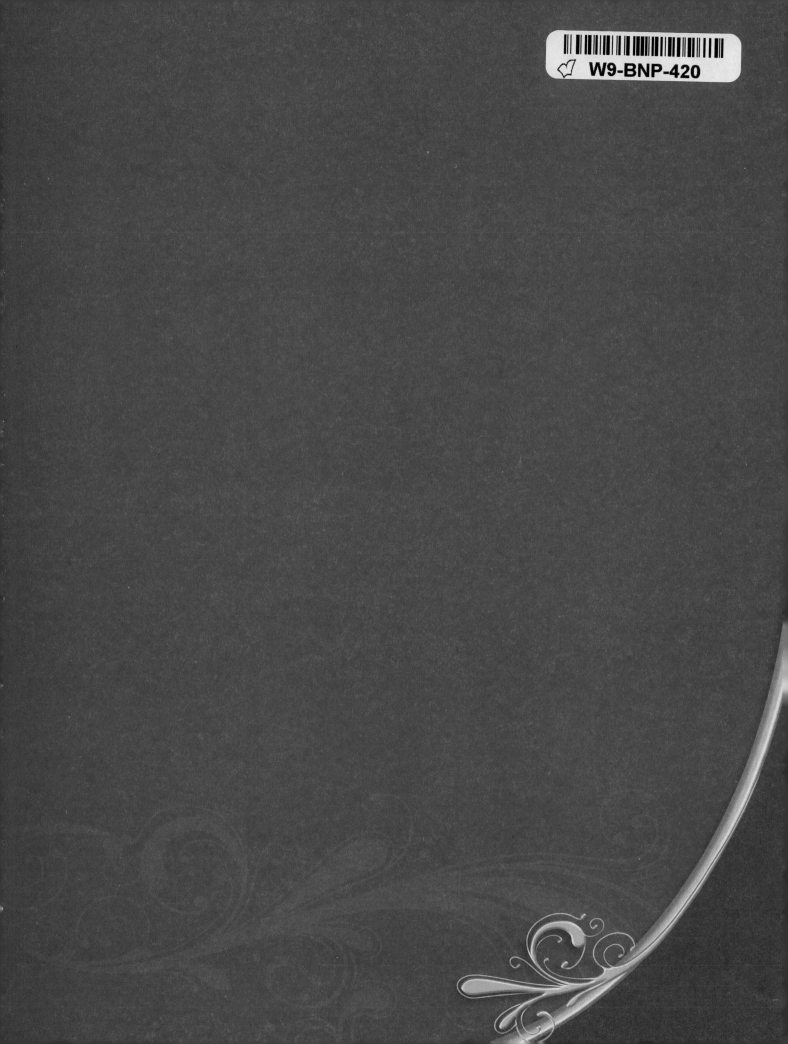

Pablo Bernasconi vive en Bariloche, Argentina, adonde disfruta de la naturaleza, en especial de los animales silvestres, a los que le encanta observar y pintar.

Escribió e ilustró cinco libros infantiles, que fueron traducidos a ocho idiomas: *El Brujo, el Horrible y el libro rojo de los hechizos, El Diario del Capitán Arsenio, Hipo no nada, El Zoo de Joaquín y Black Skin, white cow.* Además ilustró más de diez libros de autores de diferentes nacionalidades.

Obtuvo prestigiosos premios en América y Europa. Actualmente trabaja desde Bariloche para Alemania, EE.UU., Inglaterra, Australia, España, Costa Rica y Japón.

Tesoros de lectura

Lectura/Artes del lenguaje

Autores

Elva Durán

Jana Echevarria

David J. Francis

Irma M. Olmedo

Gilberto D. Soto

Josefina V. Tinajero

 Macmillan/McGraw-Hill

Contributors

Time Magazine, Accelerated Reader

Students with print disabilities may be eligible to obtain an accessible, audio version of the pupil edition of this textbook. Please call Recording for the Blind & Dyslexic at 1-800-221-4792 for complete information.

A

The **McGraw·Hill** Companies

Macmillan/McGraw-Hill

Published by Macmillan/McGraw-Hill, of McGraw-Hill Education, a division of The McGraw-Hill Companies, Inc., Two Penn Plaza, New York, New York 10121.

Printed in the United States of America

ISBN: 978-0-02-199116-7/1, Bk. 1
MHID: 0-02-199116-2/1, Bk. 1
1 2 3 4 5 6 7 8 9 (083/043) 12 11 10 09 08

Lectura/Artes del lenguaje

Bienvenidos a
Tesoros de lectura

Imagina cómo sería ser un astronauta y viajar por el espacio, o aprender sobre las familias de diferentes animales, o leer sobre un loro que pierde su voz. Tu **libro del estudiante** contiene éstas y otras selecciones premiadas de ficción y no ficción.

Mc Graw Hill **Macmillan/McGraw-Hill**

Experiencias personales

Así somos

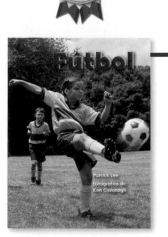

La
gran
pregunta

¿Por qué cada persona es especial?

Conéctate

Busca más información sobre este tema en **www.macmillanmh.com**.

La gran pregunta

¿Por qué cada persona es especial?

¡Todos somos especiales! Las cosas que nos gustan nos hacen especiales. Los juegos que jugamos, los libros que leemos y los dibujos que hacemos. También, los amigos que tenemos, nuestra familia y hasta nuestras mascotas, todo eso nos hace únicos. ¿Qué te hace especial?

Actividades de investigación

Haz un libro titulado "Todo sobre mí". Puedes dibujar a tu familia, amigos, así como las cosas que más te gustan. Puedes escribir tu nombre y dirección, tu edad, y cualquier otra cosa interesante sobre ti.

Anota lo que aprendes

Mientras lees, anota todas las cosas que te hacen especial. Usa el boletín en acordeón para dibujar y escribir. Piensa en tus juegos preferidos, libros, animales, deportes, colores y lugares.

Taller de investigación

Haz la investigación de la Unidad 1 con:

Guía de investigación
Sigue esta guía paso a paso para completar tu proyecto de investigación.

Recursos en Internet
- Buscador por temas y otras herramientas de investigación
- Videos y excursiones virtuales
- Fotos y dibujos para presentaciones
- Artículos y recursos relacionados en Internet

 Busca más información en **www.macmillanmh.com**

Gente y lugares

Gustavo Dudamel, músico y director de orquesta venezolano
Comenzó sus estudios de música a la edad de 4 años. A los dieciséis, empezó a dirigir orquestas. Actualmente, con tan solo 26 años, pasará a dirigir la Orquesta Filarmónica de Los Ángeles.

¡Yo soy así!

A platicar

¿Qué te gusta hacer? ¿Qué te hace especial?

Conéctate

Busca más información sobre ser único en **www.macmillanmh.com.**

¡Sube y baja!

ilustraciones de Priscilla Burris

Pepe **salta** y **sube**.

Meme **baja**.

Pepe sube.

¡Baja Pepe, baja!

Comprensión

Género
Una fantasía es una historia que no puede suceder en la realidad.

Estructura del cuento
Personajes y ambiente
Mientras lees, usa esta **tabla de personajes**.

Ambiente	¿Qué hacen los personajes ahí?

Lee para descubrir

¿Qué sorpresa recibe Mimi al final de la historia?

Mimi y Pipo

Mara Mahía
ilustraciones de Sofía Balzola

Mimi **baja** y Pipo **salta**.

Mimi **sube** y Pipo salta.

Mimi ama a Pipo.

Pipo ama a Mimi.

Mimi sube y Pipo salta.

Mimi baja y Pipo salta.

Mimi salta. Pipo salta.

¡Felicidades, Mimi!

Saluda a Mara y Sofía

Mara Mahía dice: "Cuando era pequeña vivía en una calle empinada. Siempre quise caminar con las manos por esa calle con mi mejor amiga. Aún no sé caminar con las manos pero conservo a mi amiga".

Sofía Balzola nació en el país Vasco. Ahora vive en un barrio de Barcelona, en una casa antigua, donde ilustra libros para niños.

Conéctate Busca más información sobre Mara Mahía y Sofía Balzola en **www.macmillanmh.com**

✔ Propósito de la autora

Mara nos cuenta sobre una amiga de la infancia. Dibuja alguno de tus amigos o amigas. Escribe su nombre en el dibujo.

 **Pensamiento crítico**

Volver a contar

Usa las tarjetas para volver a contar el cuento.

Tarjetas
Cuéntalo otra vez

Pensar y comparar

1. ¿Qué hace Mimi? ¿Qué hace Pipo?

Ambiente	¿Qué hacen los personajes ahí?

2. ¿En qué se parecen Mimi y Pipo a otros buenos amigos?

3. ¿Por qué sabes que Mimi y Pipo son buenos amigos?

4. ¿En qué se parece el conejo Pipo a la rana Meme de *¡Sube y baja!*?

Mi día favorito

¿Cuál es tu día favorito?

Me gustan los lunes.
Monto en mi caballo.

Me gustan los martes.
Juego con mi **vecino**.

Me gustan los miércoles.
Como pizza con mi **familia**.

Me gustan los jueves.
Ayudo a mamá con
las plantas.

A mis **amigos** y a mí
nos gustan los viernes.
¿Cuál es tu día favorito?

Pensamiento crítico

¿Qué harán Mimi y Pipo en su día
favorito?

Escritura

Oración

Una **oración** expresa una idea completa.

Ana escribió una oración sobre pintar.

Me gusta pintar.

Tu turno

Hay muchas cosas para hacer.

¿Qué te gusta hacer a ti?

Escribe una oración sobre eso.

Control de escritura

 ¿Escribí lo que me gusta hacer?

 ¿Expresa mi oración una idea completa?

☑ ¿Comienza mi oración con una letra mayúscula?

En sus marcas... listos... ¡Ya!

¿Te gusta moverte? ¿Qué movimientos puedes hacer?

Busca más información sobre este tema en **www.macmillanmh.com.**

Las vueltas de Tito

ilustraciones de Renato Alarcão

¡Acaba de **salir**! ¡Aquí está Tito!

Tito está **encima** del mundo.

Tito da un **paseo,** y da **vueltas.**

¡Toto **también** da vueltas!

Género
En un cuento
en rima algunas
palabras terminan
con el mismo sonido.

Estructura del cuento
Orden de los sucesos
Mientras lees, usa
esta **tabla de orden
de los sucesos.**

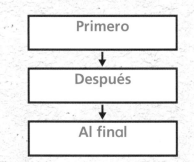

Primero

↓

Después

↓

Al final

Lee para descubrir
¿Cómo se divierte el
niño con su familia?

De paseo

texto e ilustraciones
de Ivar Da Coll

Autor/
ilustrador
premiado

Me gusta **salir** de **paseo**
con mami, con papi y con Teo.

¿Yo puedo subir y bajar?

Tú puedes, me dice mamá.

También me gusta saltar.

¡Pasarle por **encima** a papá!

Doy **vueltas** con manos y pies.

Teo da vueltas también.

Más tarde debemos partir.

¡Es tiempo de ir a dormir!

En el parque con Ivar

Ivar Da Coll dice: "A mí me gustan mucho los niños y, por eso, escribo e ilustro libros para ellos. Tengo tres mascotas: una gatita, que se llama Rosita, y dos perros, Kika y Cuate. Ellos me inspiraron a escribir este cuentito para ti".

Otros libros de Ivar Da Coll

Busca más información sobre Ivar Da Coll en **www.macmillanmh.com**.

Conéctate

✔ Propósito del autor

Ivar muestra cómo los niños se divierten en el parque. Haz un dibujo de ti jugando en un parque. Escribe un título para tu dibujo.

✴ Pensamiento crítico

Volver a contar

Usa las tarjetas para
volver a contar el cuento.

Tarjetas
Cuéntalo otra vez

Pensar y comparar

Primero
↓
Después
↓
Al final

✔ 1. ¿Qué es lo primero que
hace el niño en el parque?
¿Qué hace después?

2. ¿Con quién va el niño de paseo?
¿Con quién vas tú de paseo?

3. Cuando vas al parque, ¿qué haces
primero? ¿Qué haces al final?

4. ¿En qué se parece el perrito
de *De paseo* al
perrito de
*Las vueltas
de Tito*?

¡Corre! ¡Salta! ¡Nada!

Ciencias

Género
Un texto de **no ficción** nos informa sobre un tema.

Elementos del texto
Un **rótulo** da información sobre una ilustración.

Palabras clave

muevan

ayudan

impulsan

Busca más información sobre cómo se mueven los animales en **www.macmillanmh.com**.

¿Qué hace que los animales se **muevan**?

58

patas traseras

Este canguro puede saltar alto.
Sus fuertes patas traseras lo
ayudan a saltar.

patas largas

Este guepardo puede correr rápido.
Sus largas patas le ayudan a correr.

cola

aletas

aletas

Este tiburón puede nadar rápido. Sus aletas y su cola lo **impulsan** en el agua.

aleta

aletas

Esta foca es
lenta en la tierra.
Pero es rápida en el agua.
Tiene aletas anchas que la
ayudan a nadar.

Los niños también pueden
correr, saltar y nadar.
¿Qué hace que los niños
se muevan?

 Pensamiento crítico

¿A qué podrían jugar estos niños con el
niño del cuento *De paseo*?

Escritura

Orden de las palabras

Las palabras se escriben en **orden** para que la oración tenga sentido.

Tomás escribió una oración sobre patinar.

Yo puedo patinar.

Tu turno

Echa un vistazo a tu alrededor.

Piensa en algo que puedes hacer.

Escribe una oración sobre esto.

Control de escritura

☑ ¿Escribí lo que puedo hacer?

☑ ¿Están las palabras en un orden que tiene sentido?

☑ ¿Termina mi oración con un signo de puntuación?

¿Cómo has cambiado desde que eras un bebé?

Busca más información sobre crecer en **www.macmillanmh.com**.

Estás creciendo

Soy mayor

Mis palabras

correr

montar

ser

Soy mayor. ¿Qué puedo hacer?
Puedo **correr** y **montar** en bici.

¿Qué puedo **ser**?
Puedo ser yo.

Cómo has crecido

Comprensión

Género
Un artículo de no ficción nos informa sobre un tema.

Estructura del texto
Orden de los sucesos
Busca las cosas que los niños pueden hacer a medida que se hacen mayores.

¿Cómo cambian los niños al hacerse mayores?

Antes eras un bebé.

Aprendiste a hablar. Podías decir "mamá" y "perrito".

Podías sentarte.
Podías cavar.

Podías comer en la mesa.
Podías cantar una canción.

Aprendiste a **correr** y **montar** en bici. Podías ir rápido.

¿De qué tamaño eres ahora?
¿De qué tamaño vas a **ser**?

 **Pensamiento crítico**

Decir lo que aprendiste

Describe qué aprenden a hacer los niños al hacerse mayores.

Pensar y comparar

1. ¿Qué aprenden los niños a hacer a medida que crecen?

2. Di algunas cosas que aprendiste antes de ir a la escuela.

3. Di dos cosas que los bebés pueden hacer que no están en la lectura.

4. ¿En qué se diferencian los niños de "Soy mayor" de los niños de "Cómo has crecido"?

Los pájaros crecen

Primero, una mamá pájaro pone huevos.

Los pajaritos crecen dentro de los huevos.

Después, salen del huevo.

La mamá les da de comer.

Los pajaritos crecen.

Luego, se van volando.

Sigue ▶

Instrucciones: Contesta las preguntas.

1 ¿Qué pasa primero?

○   ○   ○

2 ¿Qué pasa después de que los pájaros salen del huevo?

A Los pájaros ponen huevos.

B La mamá les da de comer.

C Los pájaros hacen un nido.

Consejo

Busca palabras clave.

3 ¿Qué pasa cuando los pájaros bebés crecen?

○   ○   ○

Escribe sobre los niños

Primero, Carla hizo un dibujo. Luego, escribió una oración.

Los niños grandes pueden montar en bici.

Tu turno

Los niños mayores pueden hacer muchas cosas. Ahora que eres mayor, ¿qué puedes hacer? Escribe una oración sobre esto.

Control de escritura

 ¿Tiene mi oración una idea completa?

 ¿Comienza mi oración con una letra mayúscula?

 ¿Termina mi oración con un punto?

Mascotas

A platicar

¿Qué mascotas conoces? ¿Cuál es tu favorita?

Busca más información sobre mascotas en www.macmillanmh.com

Conéctate

¡No, Beto, no!

Mayelín Requena
ilustraciones de
Patricia Acosta

Mis palabras

- van, va
- dentro
- muy
- bien

¿Se **van** de paseo?

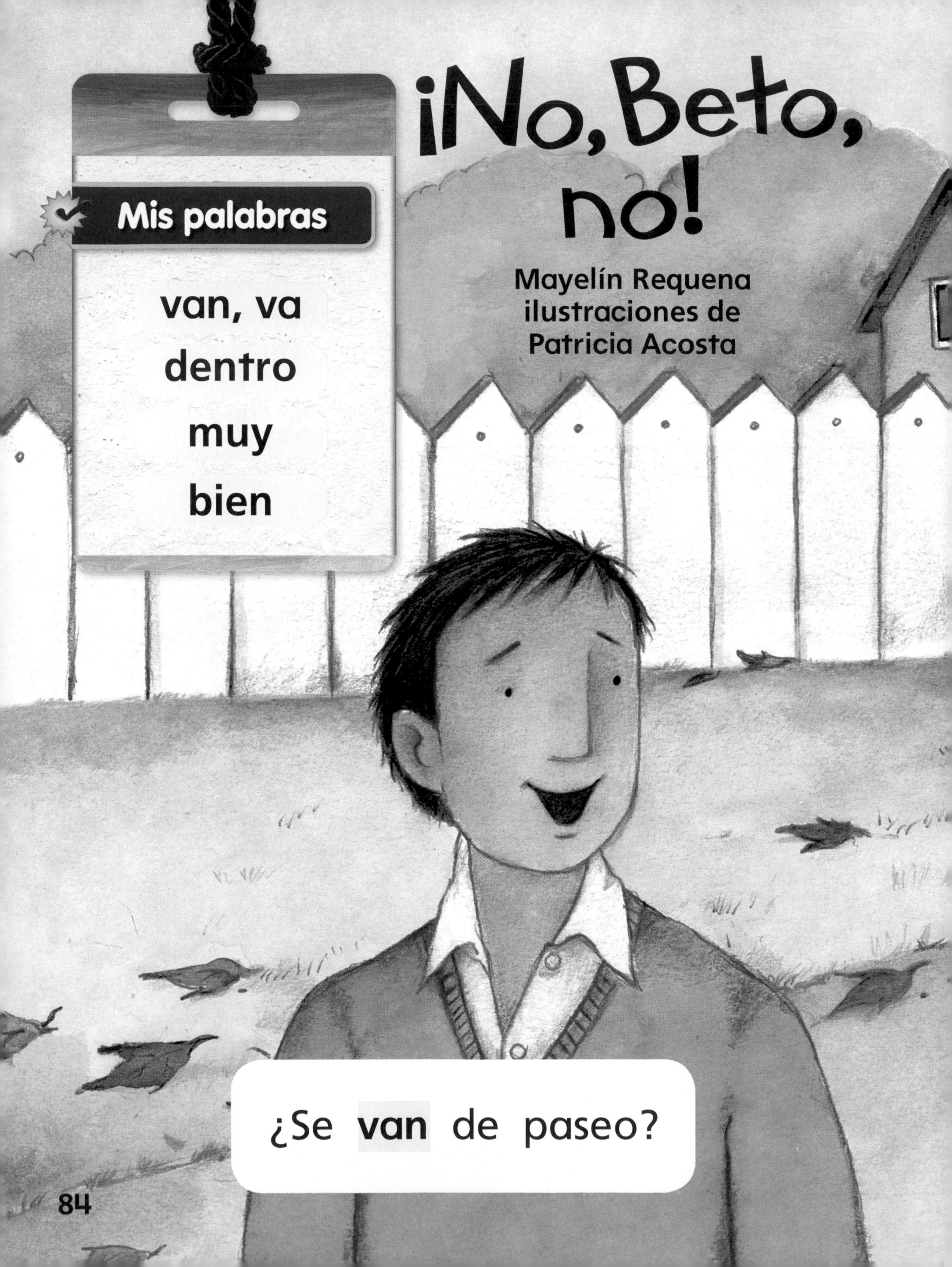

¡Beto, no te metas **dentro** de la bota!

¡Beto, no te metas
dentro de ese bote!

¡**Muy bien**, Beto!
Así se **va** de paseo.

Género

Una ficción realista es una historia que puede suceder en la realidad.

✔ Estructura del cuento

Principio, desarrollo y final

Mientras lees, usa este **diagrama de principio, desarrollo y final**.

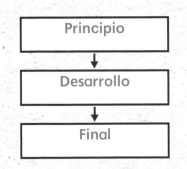

Principio
↓
Desarrollo
↓
Final

Lee para descubrir

¿Qué cosas hace cada mascota?

La pata Bonita

Yanitzia Canetti
ilustraciones de Geraldo Valerio

Autora
premiada

Toni y Ana suben la loma.

¿Qué **va** a pasar?

Toni toma su bate.
¿Qué va a pasar?

Su sapo salta el bate.
¡**Muy bien**, sapo!

La pata de Ana no salta el bate.

Toni toma la pelota.
¿Qué va a pasar?

Su sapo se sube a la pelota.
¡Muy bien, sapo!

La pata de Ana no
se sube a la pelota.

Toni pone una tina.
¿Qué va a pasar?

Su sapo salta **dentro** de la tina.
¡Muy bien, sapo!

Ana anima a su pata:
—¡Salta, Bonita, salta!

La pata de Ana salta
dentro de la tina.
—¡Muy bien, pata Bonita!

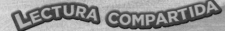

Mascotas favoritas

Cuando **Yanitzia Canetti** era niña, y vivía en Cuba, tenía un perro llamado Ciclón. Ahora, tiene dos tortugas. Muchos de sus libros hablan de animales porque dice que "podemos aprender mucho de ellos".

Otro libro de Yanitzia Canetti

 Conéctate

Busca más información sobre Yanitzia Canetti y Geraldo Valerio en **www.macmillanmh.com**

Geraldo Valerio nació en Brasil. Siempre quiso ser artista. En la escuela le encantaba pintar océanos, peces y cocodrilos.

✔ Propósito de la autora

Yanitzia dice que podemos aprender de nuestras mascotas. Dibuja una mascota que te guste. Escribe por qué te gusta.

Pensamiento crítico

Volver a contar

Usa las tarjetas para
volver a contar el cuento.

Tarjetas
Cuéntalo otra vez

Pensar y comparar

1. ¿Qué hacen Toni y Ana
al principio del cuento?
¿Qué pasa cuando Ana
anima a la pata Bonita?

Principio
↓
Desarrollo
↓
Final

2. ¿Qué harías si Bonita fuera tu mascota?

3. ¿Crees que las personas deberían
poner a competir a sus mascotas?

4. ¿En qué se parece
Bonita a Beto, el
perrito de "¡No,
Beto, no!"?

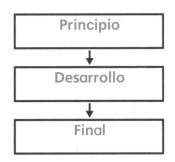

Las mascotas necesitan...

Ciencias

Género
Un texto de no ficción nos informa sobre un tema.

Elementos del texto
Una lista es una serie de cosas escritas en orden.

Palabras clave
necesitan
seres vivos
cuidado

Busca más información sobre mascotas en **www.macmillanmh.com**

¿Qué **necesitan** las mascotas?

Como todos los **seres vivos**, las mascotas necesitan comida. Algunas mascotas comen semillas o plantas.

Algunas mascotas comen
carne o pescado.
Todas las mascotas
necesitan agua fresca.

Para cuidar de mi conejo necesito:

- darle comida
- darle agua
- cambiarle la cama
- cepillarle el pelo

Las mascotas necesitan un hogar seguro. Las mascotas necesitan amor y **cuidado**.

Pensamiento crítico

¿Qué mascota del cuento *La pata Bonita* te gustaría tener?

Escritura

Oración exclamativa

Una oración exclamativa expresa un sentimiento intenso.

Roberto escribió sobre un perro.

¡Coco es cariñoso!

Tu turno

Hay mascotas muy especiales.

Piensa en una que conozcas. Escribe una oración que diga por qué esa mascota es especial.

Control de escritura

 ¿Entenderá el lector cómo me siento?

 ¿Expresa mi oración un sentimiento intenso?

 ¿Empieza y termina mi oración con un **signo de exclamación**?

¡A jugar!

A platicar

¿Qué te gusta hacer con tus amigos?

 Busca más información sobre este tema en **www.macmillanmh.com**.

Una ayuda para Vito

Linda B. Ross
ilustraciones de Elivia
Savadier

Vito tiene un jardín.

La niña va a **ayudar** a Vito.

¡**Ahora** a **usar** las manos!

Y todo les **queda** muy bonito.

Comprensión

Género
Un texto de no ficción nos informa sobre un tema.

Estructura del texto
Propósito del autor

Mientras lees, usa esta **tabla de propósito del autor**.

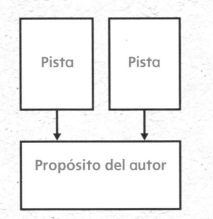

| Pista | Pista |

↓ ↓

| Propósito del autor |

Lee para descubrir
¿Por qué escribió el autor sobre fútbol?

Fútbol

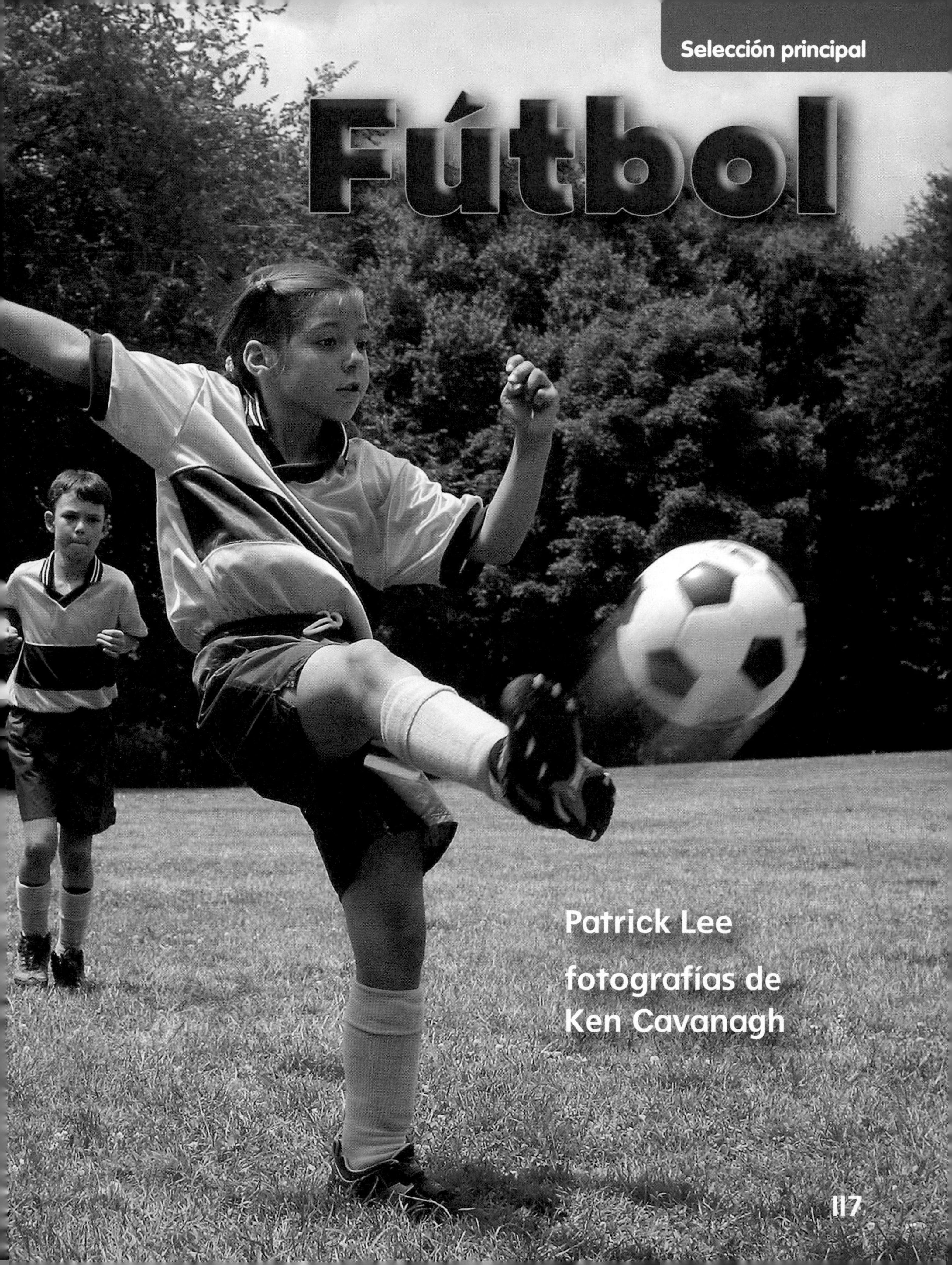

Patrick Lee

fotografías de
Ken Cavanagh

Vamos a jugar al fútbol.

Juan nos va a **ayudar**.

Los niños corremos.

Pateo la pelota.

Corro rápido.

No puedo **usar** las manos.

Eva me pasa la pelota.

Hago zigzag.

Yo sí puedo usar las manos.

Ahora paro la pelota.

Tomo la pelota con las manos.

No **queda** tiempo,
¡terminó el partido!

Conoce al fotógrafo

Ken Cavanagh dice: "Muchos fotógrafos prefieren tomar fotos de uno o dos temas, como deportes o acontecimientos familiares. A mí me gusta tomar fotos de muchos temas. Además de fotos de deportes, me gusta tomar fotos de gente, lugares y cosas de la naturaleza".

Conéctate · Busca más información sobre Ken Cavanagh en www.macmillanmh.com.

✔ Propósito del fotógrafo

Ken Cavanagh quiere mostrar lo divertido que es el deporte. Dibuja a alguien practicando un deporte. Rotula tu dibujo.

 Pensamiento crítico

Volver a contar

Usa las tarjetas para
volver a contar el cuento.

Tarjetas
Cuéntalo otra vez

Pensar y comparar

1. ¿Qué quiere enseñar el
   autor en este texto?

2. ¿Qué juegos te gusta
   jugar? ¿Por qué?

3. ¿De qué manera los jugadores
   de fútbol funcionan como
   un equipo?

4. ¿En qué se parece un equipo
   de fútbol a Vito y la
   niña de *Una ayuda
   para Vito*?

Pista	Pista

Propósito del autor

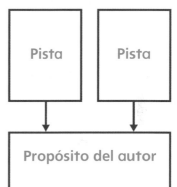

Poesía

Género
En un **poema** las palabras, con frecuencia, riman.

Elemento literario
Las palabras que **riman** terminan con el mismo sonido.

Conéctate Busca más información sobre jugar en equipo en **www.macmillanmh.com**.

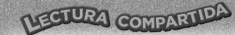

¡Adivina!
por Cristina Bertran

Blanca y negra es,
la mueves con los pies.

Parece con manchas
y va por la cancha.

Rueda, da vueltas, rebota,
¡corre!, ahí va la pelota.

Patéala con dirección
y recibirás una ovación.

✔ Pensamiento crítico

¿Qué tiene en común este
poema con el texto de *Fútbol*?

Escribir oraciones

Una oración comienza con una letra mayúscula y termina en un signo de puntuación.

Escribe sobre jugar juntos

Lina escribió sobre jugar con bloques.

Dani y yo jugamos con bloques. Hacemos una ciudad grande.

Tu turno

Piensa en algo que te gusta hacer con tus amigos.
Haz un dibujo.
Escribe una oración sobre eso.

Control de escritura

 ¿Escribí lo que me gusta hacer con mis amigos?

 ¿Expresa cada oración una idea completa?

 ¿Comienza cada oración con una letra mayúscula?

LECTURA COMPARTIDA

Susi y Nino

Repaso

Personajes
Ambiente
Orden de los sucesos
Fotografías
Rótulos

Esta niña es Susi.

Susi juega en la arena.

Después, va a correr con Nino.

Este niño es Nino.

Nino sube la loma en su bici.

Después, baja a jugar con Susi.

Gatos y perros

Un gato puede saltar.
Un gato puede subir a un árbol.

Un gato puede mover las orejas.
Puede mover los bigotes.
Puede lamer sus patas.

Mira el gato sobre la hierba.
El gato hace "miau".

bigotes

pata

oreja

Un perro puede correr.
Un perro puede saltar, también.
Un perro tiene una buena nariz.
Un perro puede cavar y cavar.
Puede cavar con las patas.

Mira al perro mover la cola,
El perro hace "guau".

nariz

cola

pata

139

✦Pensamiento crítico

Ahora, responde a las preguntas. Usa el texto de "Susi y Nino" como base para tus respuestas.

1 **¿Qué hace Susi al principio?**

A escucha un cuento

B va a la escuela

C juega en la arena

2 **El ambiente de este cuento es ____.**

A un parque

B una casa

C una escuela

3 **¿Qué les gusta hacer a Susi y a Nino? Escribe sobre eso.**

Ahora, responde a las preguntas. Usa el texto de "Gatos y perros" como base para tus respuestas.

1 ¿Qué hace el perro en la fotografía?

A está comiendo

B está parado

C está durmiendo

2 ¿Qué parte del cuerpo del gato tiene un rótulo?

A la cola

B la cabeza

C los bigotes

A escribir

SUGERENCIA ¿Qué sabes sobre gatos y perros? Escribe tanto como puedas y lo mejor que puedas.

Glosario

¿Qué es un glosario?

Un glosario te ayuda a conocer el significado de las palabras. Las palabras están listadas en orden alfabético. Puedes buscar una palabra y leer una oración con esa palabra. Para ayudarte, también hay una ilustración.

dentro

encima

Ejemplo de entrada

Letra

Bb

Entrada

Oración

bate

El **bate** es marrón y negro.

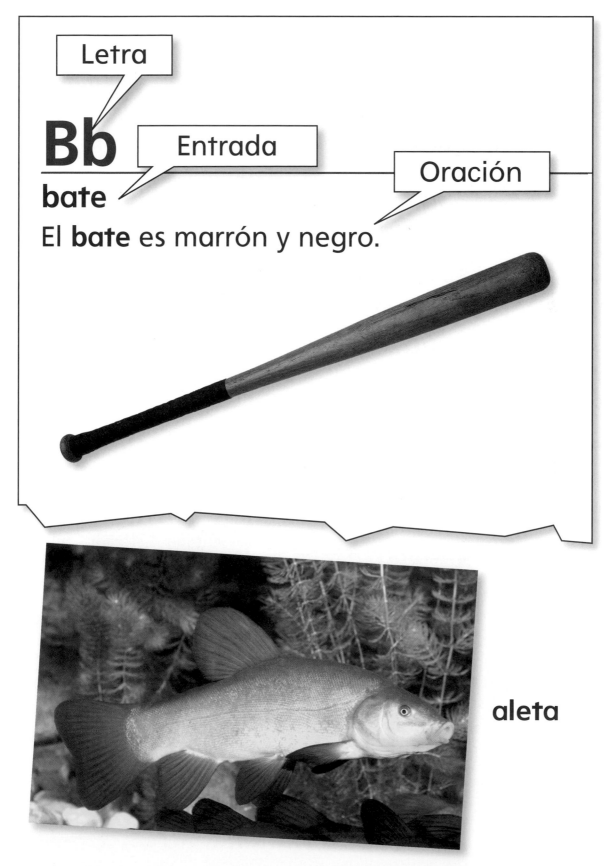

aleta

Aa

aleta

Este pez tiene una **aleta** grande.

Bb

baja

Elena **baja** las escaleras.

bate

El **bate** es marrón y negro.

bota

Lola tiene una **bota** azul y una roja.

Cc

crecer

Este árbol va a **crecer** mucho.

Dd

dentro

El gato está **dentro** de la bota.

Ee

encima

Los libros están **encima** de la mesa.

Ll

loma

La casa está en la **loma**.

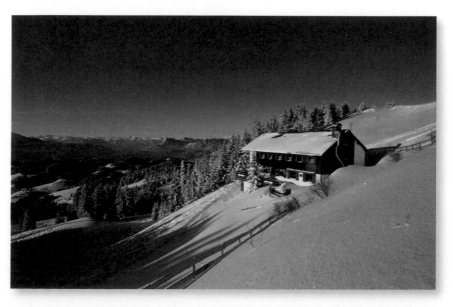

Mm

mayor

El hermano **mayor** de Ana la ayuda con su tarea.

Pp

paseo

Vamos de **paseo** por el campo.

patea

Nina **patea** la pelota.

Tt

tina

La mamá baña al bebé en la **tina**.

Acknowledgments

The publisher gratefully acknowledges permission to reprint the following copyrighted material:

Book Cover, EL SEÑOR JOSÉ TOMILLO by Ivar Da Coll. Copyright © 2004 by Editorial Norma. Reprinted with permission of Editorial Norma, Bogotá, Colombia.

Book Cover, ¡NO, NO FUI YO!/NO, IT WASN'T ME! by Ivar Da Coll. Copyright © 2004 by Alfaguara Infantil. Reprinted with permission of Alfaguara Infantil.

Book Cover, AY, LUNA, LUNA LUNITA by Yanitzia Canetti. Copyright © 2005 by Editorial Everest. Reprinted with permission of Editorial Everest.

ILLUSTRATIONS

Cover: Pablo Bernasconi.

12-15: Priscilla Burris. 16-27: Sofía Balzola. 40-43: Renato Alarcão. 44-55: Ivar Da Coll. 84–87: Patricia Acosta. 88-101: Geraldo Valerio. 114-117: Elivia Savadier. 132-133: Cheryl Mendenhall. 136-141: Benton Mahon. 144-145, 146, 148 (tl), 149: Carol Koeller. 148 (bl): Janee Trasler.

PHOTOGRAPHY

All Photographs are by Macmillan/McGraw-Hill (MMH) except as noted below:

6-7: (bkgd) José Luis Pelaez/Getty Images. 8: (bl) Tim Pannell/Corbis. 9: (br) AP Photo/Alessandra Tarantino. 10-11: (bkgd) BananaStock/Alamy. 24: (fgd) Ken Cavanagh for MMH. 30: (c) Ken Cavanagh for MMH. 31: (c) Andersen Ross/Brand X Pictures/Getty Images, Inc. 32: (c) Image Source/Alamy. 33: (c) Brand X Pictures/Alamy. 34: (c) SW Productions/Brand X Pictures/Alamy. 35: (c) Tom & Dee Ann McCarthy/CORBIS. 36: (cl) Dynamic Graphics Group/Creatas/Alamy. 37: (tr) C SQUARED STUDIOS/Getty Images. 38-39: (bkgd) Ariel Skelley/CORBIS. 39: (tr) Ryan McVay/Getty Images, Inc. 58: (c) Mike Hill/AGE Fotostock. 59: (c) Medford Taylor/National Geographic Image Collection. 60: (c) Tom Brakefield/CORBIS. 61: (c) Jeffrey L. Rotman/CORBIS. 62: (t) David Madison/Stone/Getty Images, Inc.; (cr) Peter Scoones/Taxi/Getty Images, Inc. 63: (t) Bob Gomel/CORBIS. 64: (r) COMSTOCK. 65: (tr) Ingram Publishing/Alamy; (cr) C Squared Studios/Getty Images, Inc. 68: (tl) David Stoecklein/CORBIS; (b) C Squared Studios/Photodisc/Getty Images, Inc. 69: (t) Lawrence Migdale. 70: (b) Janis Christie/Photodisc/Getty Images, Inc. 71: (c) Skip Nall/Photodisc/Getty Images, Inc. 72: (t) Blaine Harrington, III; (c) Elyse Lewin/CORBIS. 73: (c) Lawrence MIgdale. 74: (tl) Don Smetzer/Photo Edit Inc.; (c) Cheryl Clegg/Index Stock Imagery. 75: (tl) Myrleen Ferguson Cate/Photo Edit Inc.; (cr) David Muscroft/SuperStock; (c) Nick Clements/Photodisc/Getty Images, Inc. 76: (t) Nick Clements/Photodisc/Getty Images, Inc. 78: (b) Darren Bennett/Animals Animals. 79: (tl) Darren Bennett/Animals Animals; (tc) Don Enger/Animals Animals; (tr) Michael Habicht/Animals Animals; (cl) Michael Habicht/Animals Animals; (c) Michael Habicht/Animals Animals; (cr) McDonald Wildlife Photography/Animals Animals. 80: (tl) Maria Taglienti-Molinari/Brand X Pictures/Punchstock. 81: (b) Dian Lofton for TFK; (br) C Squared Studios/Photodisc/Getty Images, Inc. 82-83: (bkgd) Timothy Shonnard/Getty Images, Inc. 104: (br) Gabe Palmer/CORBIS. 105: (tl) Richard Hutchings/Photo Edit Inc.; (cr) Robert Maier/Animals Animals/Earth Scenes. 106: (c) PhotoStockFile/Alamy. 107: (tl) Steve Satushek/The Image Bank/Getty Images, Inc. 108: (cl) Kevin Radford/Masterfile. 109: (tr) Bildagentur Franz Waldhaeusl/Alamy; (tr) Yiap/AGE Fotostock. 116-117: (bkgd) Ken Cavanagh for MMH. 118: (fgd) Ken Cavanagh for MMH. 119: (fgd) Ken Cavanagh for MMH. 121: (fgd) Ken Cavanagh for MMH. 122: (fgd) Ken Cavanagh for MMH. 126: (fgd) Ken Cavanagh for MMH. 127: (fgd) Ken Cavanagh for MMH. 128: (fgd) Ken Cavanagh for MMH. 129: (fgd) Ken Cavanagh for MMH. 130: (cr) Courtesy Ken Cavanagh; (cr) Courtesy Ken Cavanagh; (bkgd) Ken Cavanagh for MMH. 137: (fgd) Ken Cavanagh for MMH. 138: (b) G.K. & Vikki Hart/Getty Images. 139: (b) G.K. & Vikki Hart/Getty Images. 142: (cr) © SuperStock, Inc. / SuperStock; (bl) © Tom Grill/Corbis. 143: (c) Jules Frazier/Getty Images, Inc.; (tc) © blickwinkel / Alamy. 144: (tc) © blickwinkel / Alamy. 145: (tc) Jules Frazier/Getty Images, Inc. 146: (bc) © SuperStock, Inc. / SuperStock. 147: (tc) © Tom Grill/Corbis; (bc) ©Andreas Strauss/LOOK/Getty Images. 148: (fgd) Ken Cavanagh for MMH. 159: (fgd) Ken Cavanagh for MMH.

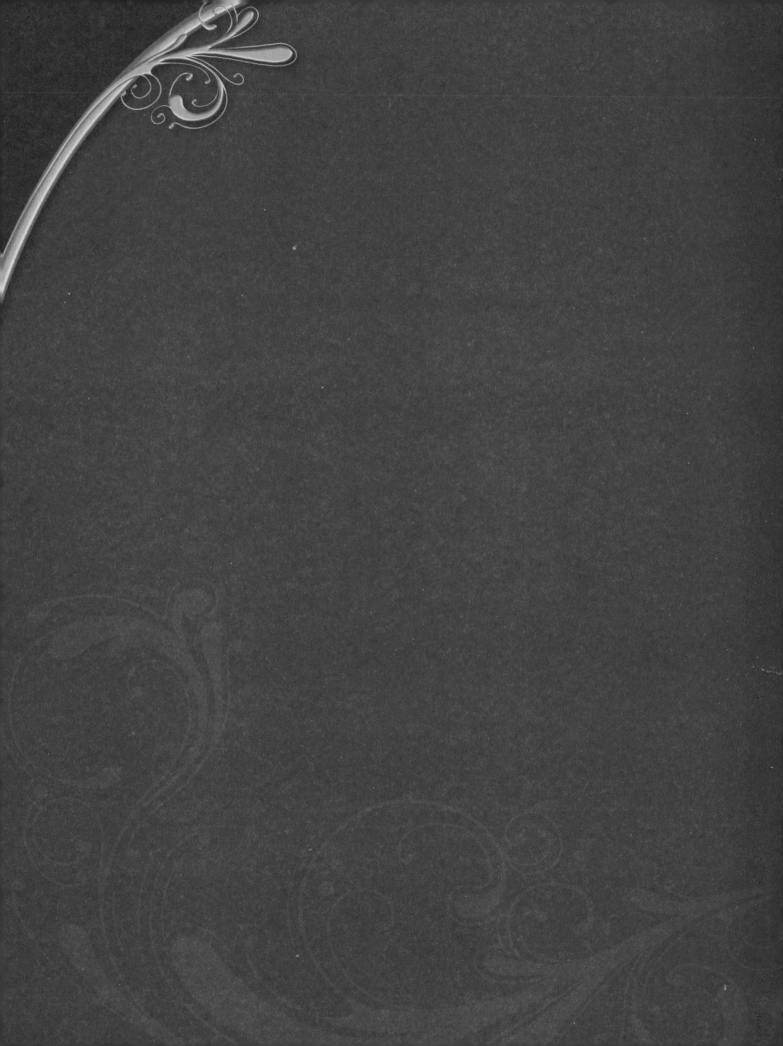